新形式対応

TOEIC® L&R TEST
全国統一模試超特急
第1回

ヒロ前田　花田徹也

TOEIC is a registered trademark of ETS.
This publication is not endorsed or approved by ETS.
L&R means LISTENING AND READING.

朝日新聞出版

編集協力 ──── Daniel Warriner

Ross Tulloch

渡邉真理子

音源制作 ──── 英語教育協議会（ELEC）

Christiane Brew 🇬🇧

Jason Takada 🇦🇺

Jon Mudryj 🇨🇦

Rachel Walzer 🇺🇸

Thomas Neil DeMaere 🇨🇦

テッド寺倉

もくじ

富士山と模試 ……………………………………… 4

第1部　模試をはじめる前に	7

第2部　各パートのポイントと演習問題	23

第3部　模試の作り方	93

富士山と模試

その日も、富士山を眺めながら湯に浸かっていた。花田さんの車で山梨の温泉に行くのが年始の恒例となっている。そして、互いに「今年やりたいこと」を語り合う。不思議なもので、そこで話したことは、例外なく実現してきた。

「今年は何するの？」

「ヒロさんは？」

「一緒に模試を作ったよね。あれを出版したい」

以前、花田さんとのコラボセミナー用に模試を作った。いつかそれを世に出したいと思っていた。

「いいね。でも、ヒロさんのことだから、また何か新しいことやるんでしょ？」

「まぁね。普通のことをやっても面白くないからね」

「何かアイデアはあるの？」

「いや。これから考える」

この会話が交わされたのは、2024年1月12日のことだった。

3カ月後。

東京駅を見下ろせる喫茶店で朝日新聞出版のS氏と話したのは、ゴールデンウィークに突入した直後の4月30日だった。数々のヒット作を手がけてきた彼に、模試を世に出す方法について助言を求めた。S氏は「特急シリーズ」の編集者だが、私は自分の模試原稿を彼に売り込むつもりはなかった。同シリーズは新書サイズで、模試との相性が良くないと思っていたからだ。ただ、出版のプロとしてのアドバイスを聞きたかった。

「Sさんなら、この模試をどうやって世に出しますか？」

彼の答えは意外なものだった。

Ⓢ「超特急シリーズに入れます」

そこから一気に話が進んだ。新たに生まれた「超特急シリーズ」のこと。TOEIC対策の定番アプリ「abceed」との協働により、模試の可能性が格段に広がること。AIが予想スコアを算出できること──。

そして、そのわずか2日後の5月2日。
私がS氏に送ったメールのスクリーンショットが、これだ。

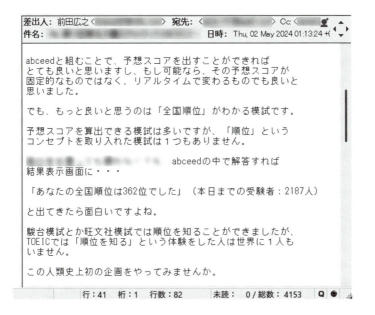

自分の「順位」がわかるTOEIC模試。
　このアイデアについて、S氏から秒で合意を得た。なんと彼も数年前から同じアイデアを温めていたことがわかった。ついに実現のタイミングが来たということか。すぐに花田さんに報告した。

　🧑「花田さん、あの模試の企画はSさんとやることになった。あと、abceedも一緒」

「おっ、いいねー。で、コンセプトは？」

「自分の順位がわかる模試ってどう？」

「学生時代を思い出すね。そんなの TOEIC の業界では聞いたことがないよ」

「普通じゃないでしょ。一緒にやろうよ」

「abceed とのコラボなら、パート別のランキングとか弱点分析なんかもできそうだね」

「模試のクオリティは間違いないから、かなり正確なデータ分析ができるはずだよ」

「皆が同じフォームで真剣勝負して、リアルタイムで結果を見れたら盛り上がりそう！」

　この模試が本試験に近いことは保証する。モニター受験者の解答データを分析して、難易度の調整作業も済んでいる。そのため、受験後に復習してコンテンツをモノにすれば、スコアアップは間違いない。

　今のところ、富士山を眺めながら話したことは、ほとんど実現している。やりたいことを言葉にして人に伝えることで、自分の意識が変わり、行動も変わっていったのだろう。あなたにも、きっと同じことが起きる。やりたいことを誰かに伝えてみてはいかがだろうか？

全国統一模試プロデューサー
ヒロ前田

第1部
模試を
はじめる前に

TOEIC テストとは？

　日常生活やグローバルビジネスにおける活きた英語の力を測定する、世界共通のテストです。聞く・読む力を測る **TOEIC® Listening & Reading Test** と、話す・書く力を測る TOEIC® Speaking & Writing Tests があり、4技能（聞く・読む・話す・書く）全ての英語コミュニケーション能力をテストできます。

　TOEIC® L&R TEST (TOEIC® Listening & Reading Test) では、英語のリスニング力とリーディング力を判定します。

● 問題形式・設問数

全体　約120分／200問／10〜990点

リスニングセクション　約45分／100問／5〜495点

パート	Question Type	出題形式	設問数
Part 1	Photographs	写真描写問題	6
Part 2	Question-Response	応答問題	25
Part 3	Conversations	会話問題	39
Part 4	Talks	説明文問題	30

リーディングセクション　75分／100問／5〜495点

パート	Question Type	出題形式	設問数
Part 5	Incomplete Sentences	短文穴埋め問題	30
Part 6	Text Completion	長文穴埋め問題	16
Part 7	● Single Passages	1つの文書	29
	● Multiple Passages	複数の文書	25

この本でできること

❶ 「全国統一模試 第1回」は、**全国で統一の問題（フォーム）**で行われます。1人1回（1アカウントにつき1回）受験できます。1冊につき1つのシリアルコードを発行しておりますので、これまでの TOEIC 対策書の模擬試験のように、模試受験の前に問題を見ることはできません。

TOEIC の受験形式に慣れている方は、「全国統一模試 第1回」にいきなり挑戦されてもいいでしょう。TOEIC を初めて受験される方や初心者の方は、本書の第2部で試験形式や解答ポイントを把握していただいた上で、「全国統一模試 第1回」を受けることをお勧めします。

❷ 受験直後に AI 予想スコアが出るとともに、TOEIC 界で初めて、ご自身の全国ランキング（全国順位）を把握できます。また、**AI 予想スコアと全国ランキングの電子証明書**も発行できます。TOEIC テスト本番では順位が出ませんから、その点が本模試の特長の1つです。

「全国ランキング付きの英語力試し」で、世の中での自分の実力を知ることができ、それを讃えられるようなイメージで果敢に挑戦してみてください。成績優秀者のユーザー名（ニックネーム）は、abceed アプリおよび朝日新聞出版HP上で随時表彰されます。また、順位は随時更新されます。

❸ **受験後の解説の確認、テストの解き直しなどは、abceed アプリ上で何度でも可能です。**ただし、「全国ランキング」は初回受験時の結果のみに基づきますのでご注意ください。

❹ 本書購入者（シリアルコード認証で受験された方）は、**ヒロ前田と花田徹也による特別セミナー動画**を視聴することができます。動画は、リスニング約60分、リーディング約60分の2本（計約120分）です。

※このセミナーでは、模試受験者の解答データ（正答率など）を講師が参照しながら講義を行うため、動画の視聴は本書発売から約3週間後に可能となります。

この本でやってほしいこと

❶「全国統一模試 第1回」は指定の制限時間を守って解答してください。試験時間を過ぎてからの解答は、AI 予想スコアと全国ランキングには反映されません。

❷「全国統一模試 第1回」は本番と同等の語彙、難易度、出題ポイントで作成されています。受験いただいた後は、徹底的に復習して定着を図りましょう。

AI スコアの算出方法と abceed の AI 機能

「全国統一模試 第1回」で算出される AI スコアは、累計 500 万人超の abceed ユーザーが解いた 20 億件を超える問題の解答データ（正解数、正答率はもちろん、解答所要時間なども含みます）に基づき、AI 技術を用いて算出される本番誤差 66 点/990（約 6.6%）の精度を誇る予測スコアになります。

「全国統一模試 第1回」の受験方法

● **ご注意：abceedアプリをお持ちの方で、アカウント登録がまだの方**

　abceedアプリをお持ちの方で、メールアドレス等によるアカウント登録がまだの方は、abceedアプリを開き、ホーム画面の上部に表示される「アカウントを登録しよう」より、アカウント登録を行ってください。

※こちらを行わず次のステップに進まれた場合、既存の学習データが消えてしまったり、シリアルコードの入力がアプリに反映されない恐れがあります。

こちらからアカウント登録をお願いします

「全国統一模試 第1回（全200問、所要時間約2時間）」を受験するにあたり、下記3つのステップを行ってください。

❶ シリアルコードの入力

　下記QRコード（URL）より、初めてabceedをご利用される方はアカウント登録、既にアカウントをお持ちの方はログインを行い、シリアルコードを入力してください。

https://app.abceed.com/mock-exam-ranking/signup

※このカードは本書に同封されています。

❷ ニックネーム・アバター設定
　❶ 完了後に表示されるプロフィール登録画面にて、模試の全国ランキングに表示されるニックネームおよびアバターの設定を行ってください。

❸ **テスト開始**

【推奨】スマートフォンからの受験も可能ですが、パソコンやタブレットなど画面の大きいデバイスをご利用できる方は、そちらで受験されることを推奨します。

パソコンから受験される場合

ブラウザで abceed（https://app.abceed.com）を開き、シリアルコード入力時のアカウントでログインしてください。ログイン後に、画面左のメニューより「教材」を選択し、「全国統一模試」で検索を行い、「全国統一模試 第1回」を開いてください。画面内の「テスト」ボタンを押してテストを開始してください。

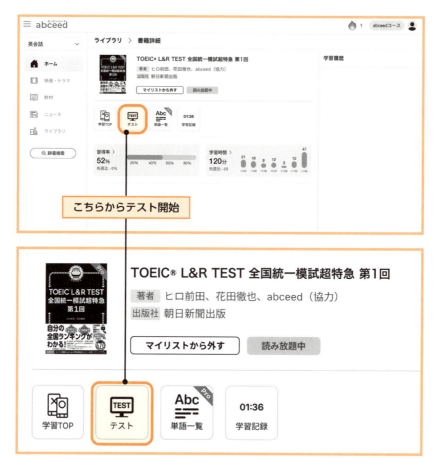

スマホまたはタブレットから受験される場合

　アプリインストールがまだの方は、下記QRコード（URL）よりabceedアプリをインストールしてください。abceedアプリを開き、シリアルコード入力時のアカウントでログインしてください。ログイン後に、「教材」タブから、「全国統一模試」で検索を行い、「全国統一模試 第1回」を開いてください。アプリの「テスト」ボタンを押してテストを開始してください。

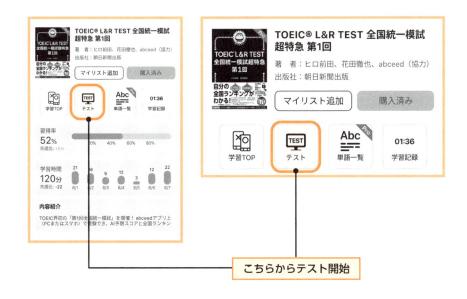

こちらからテスト開始

※本アカウント設定は、Globee株式会社の運営です。都合により、サービスが休止される場合もございます。

おすすめの受験方法

本番のテストと同様、ノンストップで一気に解いてください。

リスニングセクションを始める前に、受験されるデバイスの音テストをして、音声が問題なく聴ける状態であることを確認したうえでスタートしましょう。

リスニング各パートにはディレクションズがついていますので、音声にしたがって解くようにしてください。

やむを得ずに離席される場合は、 中断 ボタンを押して、戻ってから再開してください。

リスニングセクションが終わり次第、リーディングセクションに進んでください。リーディングセクションは、75分で解いてください。

75分の制限時間を過ぎると、その後に解いた問題はAIスコア判定の対象となりません。

問題を解く際は、スマホでも解答可能ですが、パソコンなど、大きい画面での受験を推奨いたします。

Web版

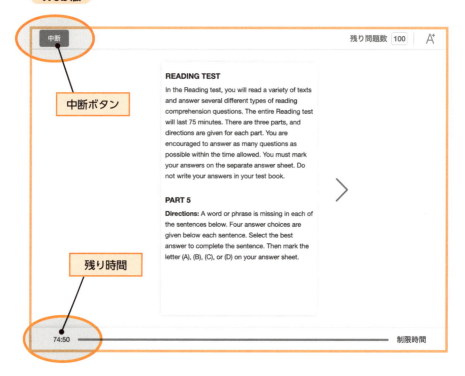

17

アプリ版

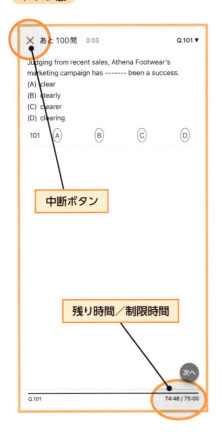

中断ボタン

残り時間／制限時間

18　第1部　模試をはじめる前に

AI 予想スコア、全国ランキングの証明書発行

「全国統一模試 第1回」の受験結果は、証明書として発行されます。受験後に表示される「証明書ボタン」を押してください。

全国ランキングの確認方法

「全国統一模試 第1回」のランキングは、「証明書」の「ランキングを表示」ボタンから確認できます。

● **abceed のランキング特設サイト**

各成績上位者は、朝日新聞出版の TOEIC 特急・超特急サイトでも表彰いたします。

復習方法

　受験後は、間違えた問題を中心に、解答・解説を読んで理解を深めてください。
　テストは何度でも繰り返し解けますが、ランキングが出るのは、初回受験時のみです。

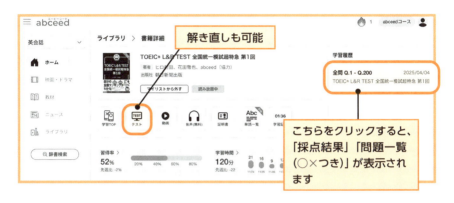

解説動画を観る方法

　本書をご購入いただいた方は、特別セミナー動画を視聴できます。受験後に出現する「動画アイコン」をタップしてご視聴ください。

　　※このセミナーでは、模試受験者の解答データ（正答率など）を講師が参照しながら講義を行うため、動画の視聴は本書発売から約3週間後に可能となります。

Web版受験後画面

アプリ版受験後画面

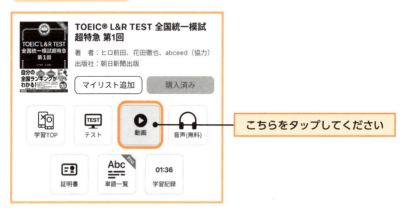

※「全国統一模試 第1回」の受験方法、証明書の発行、動画視聴方法などでお困りの方は、Globee 社までお問い合わせください。
https://www.abceed.com/contact

第2部

各パートの
ポイントと演習問題

PART 1

LISTENING TEST

The Listening Test will measure your ability to understand spoken English. This section lasts about 45 minutes and includes four parts: Part 1, followed by Parts 2, 3, and 4. Directions are given at the start of each part. Mark your answers on the separate answer sheet. Do not write anything in the test book.

PART 1

Directions: Four statements will be spoken about each picture. Select the statement that best describes the scene in the picture and mark the corresponding letter: (A), (B), (C), or (D) on your answer sheet. The statements are not printed in the test book and will not be repeated.

Look at the picture below and listen to the statements.

(A) He's driving a truck.
(B) He's working outdoors.
(C) He's painting a wall.
(D) He's walking toward a pole.

実際の問題用紙には、グレー部分のテキストは印字されておりません。音声が流れるのみです。

Statement (B), "He's working outdoors," best describes the picture. Therefore, select (B) and mark it on your answer sheet.

Now let's start Part 1 with question number one.

訳

リスニングテスト

リスニングテストでは、英語の音声を理解する能力を測定します。このセクションは約45分間で4つのパートがあり、パート1の後にパート2、3、4が続きます。各パートの始めに指示が与えられます。解答は別の解答用紙に記入してください。問題冊子には何も書かないでください。

パート1

指示： 各写真について4つの文が音声で流れます。写真の場面を最もよく表している文を選び、解答用紙の (A)、(B)、(C)、(D) のいずれかをマークしてください。文は問題冊子には印刷されておらず、繰り返し放送されることはありません。

次の写真を見て、流れる文を聞いてください。
   (A) 彼はトラックを運転している。
   (B) 彼は屋外で作業している。
   (C) 彼は壁を塗っている。
   (D) 彼は柱に向かって歩いている。

文 (B)「彼は屋外で作業している。」が写真を最もよく表しています。したがって、(B) を選び、解答用紙にマークしてください。

それでは、パート1を始めます。問題番号1からです。

25

Part 1の解答ポイント

●目立つ人や物に注目する

　写真の中で目立つ人や物を描写する選択肢が多いため、それらが何をしているか、どんな状態にあるかを意識しながら音声を聞きましょう。

●位置関係

　「人と人」、「人と物」、「物と物」の位置関係を示す表現も重要です。「隣同士になっている（side by side）」や、「列になっている（in a row）」といった表現を多く知っていると役立ちます。

●間違ってはいない描写が正解

　正解の内容は写真を正確に描写しているとは限りません。この例題では (B) が正解ですが、男性が本当に働いている（working）のか、趣味でゴミ拾いをしているのかは判断できません。一方、不正解の選択肢が不適切である説明は可能です。よって、**間違っているとは言えない描写**を選ぶように心掛けましょう。

26　第2部　各パートのポイントと演習問題

問題

2.

解答・解説

2.

(A) The man is adjusting a machine.
(B) The man is standing next to a door.
(C) The man is unplugging an appliance.
(D) The man is taking food from a tray.

訳
(A) 男性は機械を調整している。
(B) 男性はドアの隣に立っている。
(C) 男性は電化製品のプラグを抜いている。
(D) 男性はトレーから食べ物を取っている。

正解 (D) 写真の中央にいる男性の動作を表す語句がポイントです。男性は食べ物をトングで掴もうとしているので、(D) の taking food from a tray (トレーから食べ物を取っている) が適切に写真を描写しています。男性の隣にドアがないため (B) は不適切です。(A) と (C) は男性の動作を正しく描写していません。

語注 □ **adjust** 動 調整する □ **next to** 〜の隣に □ **unplug** 動 プラグを抜く □ **appliance** 名 電化製品

PART 2

PART 2

🔊 3

Directions: You will hear a question or statement followed by three responses. Choose the response that best matches the question or statement and mark the letter: (A), (B), or (C) on your answer sheet. The questions, statements, and responses are not printed in the test book and will not be repeated.

Now we will begin Part 2 with question number 7.

訳

パート2

指示：質問または文が流れた後、3つの応答が続きます。質問または文に最も適した応答を選び、解答用紙の (A)、(B)、(C) のいずれかをマークしてください。質問、文、および応答は問題冊子には印刷されておらず、繰り返し放送されることはありません。

それでは、パート2を始めます。問題番号7からです。

Part 2の解答ポイント

● 文頭を絶対に聞く

When や How などの疑問詞で始まる質問がたくさん出題されます。それらの疑問詞は基本的に文頭にあるため、質問を聞く際には必ず最初の1語から聞き取るよう心掛けてください。

● 脳内リピート

質問を完全に忘れると解答できなくなりますが、全てを覚えていなくても解ける問題は多くあります。従って、質問の中で特に重要な情報だけは忘れないよう注意してください。そのためには、各応答を聞く直前に質問を振り返ると役立ちます。仮に「どこで～？」を問う質問だった場合は、(A)、(B)、(C) の応答を聞く前に「どこ？」を意識すれば解答しやすくなります。

● 音声トラップ

出題者は、リスニング力が低い受験者が不正解を選びたくなる工夫をしています。それは、「質問にある目立つ単語」を不正解の応答にも入れるということです。そうすることで、同じ発音の単語が2回聞こえるため、初心者を誤答に誘導することができます。言い換えると、そのような単語を含む応答は不正解である可能性が高いため、（正解だと確信できる場合を除き）選ばない方が無難です。

問題

(◀ 4)

10. Mark your answer on your answer sheet.

解答・解説

10.

How was the traffic this morning?
(A) It was slow on Grand Avenue.
(B) No, I'm fine.
(C) By e-mail.

訳 今朝の交通状況はどうでしたか。
(A) Grand Avenue では遅かったです。
(B) いいえ、大丈夫です。
(C) メールで。

正解 (A) 今朝の交通状況を尋ねる質問に対して、ある特定の道路で交通の流れが遅かった（＝渋滞していた）ことを伝えている (A) が正解です。(C) は連絡手段を答えていますが、この質問の How は手段ではなく状況を尋ねているため不適切です。

PART 3

PART 3

🔊 5

Directions: After listening to each short conversation, you will answer three questions. The questions and answer choices are printed in the test book. Select the best answer for each question and mark the corresponding letter: (A), (B), (C), or (D) on your answer sheet. The conversations will not be repeated.

訳

パート3

指示 : 各短い会話を聞いた後、3つの設問に答えます。設問と選択肢は問題冊子に印刷されています。各設問に対する最も適した答えを選び、解答用紙の (A)、(B)、(C)、(D) のいずれかをマークしてください。会話は繰り返し放送されることはありません。

Part 3の解答ポイント

●会話を聞く前に設問を知る

1つの会話（30秒前後）につき設問数は3つです。解答に関係ない情報がたくさん会話に含まれるため、会話を聞く前に設問を読んでおくことが理想的です。そうすることで、どんな情報が解答に必要なのかあらかじめ知ることができます。

●男女に注目

多くの設問には man（男性）か woman（女性）が含まれ、**その人物が解答のヒントを教えてくれます**。例えば、What does the woman suggest doing?（女性は何をするように提案していますか）という設問のヒントは女性の発言にあります。万が一、男性の発言が理解できなくても、女性の発言に意識を向ければ正解を選べる可能性は十分にあります。ごくわずかな例外はあるものの、設問内の男女に注目することで Part 3 は格段に解きやすくなります。

●図表が付いた問題

後半には図表が付いた問題が3題あります。それぞれ3つある設問のうち1つは、その図表を見なければ解けないように作られています。

34　第2部　各パートのポイントと演習問題

問題

32. Where is the conversation most likely taking place?
(A) On an airplane
(B) In a car
(C) In an office
(D) On a train

33. How long does the man say it will take to drive to the venue?
(A) 10 minutes
(B) 20 minutes
(C) 30 minutes
(D) 40 minutes

34. What does the woman say will be difficult?
(A) Reserving a flight
(B) Contacting a colleague
(C) Finding a parking space
(D) Negotiating a price

解答・解説

Questions 32 through 34 refer to the following conversation.

M: ①That flight delay will take up most of our preparation time for the presentation. We should have taken an earlier flight.
W: I know. We'll get the rental car ②as soon as we land, though. We don't have any suitcases this time.
M: According to this navigation app, ③we should get to the venue in just 20 minutes by car.
W: That's faster than I thought! ④Still, finding a parking space in Hamilton is always an issue at this time of day.

訳 問題32〜34は次の会話に関するものです。
男性：飛行機の遅延のせいでプレゼン準備のための時間のほとんどがなくなってしまうだろうね。もっと早い便に乗るべきだったよ。
女性：そうね。着陸したらすぐにレンタカーを借りるけれど。今回はスーツケースを持っていないわ。
男性：ナビアプリによると、会場までは車でたったの20分で着くはずだよ。
女性：思っていたより早いわ！ とはいえ、この時間帯にハミルトンで駐車スペースを見つけるのはいつも問題よね。

語注 □ delay 名 遅延　□ take up 〜を取る　□ rental 形 レンタルの
□ land 動 着陸する　□ according to 〜によると　□ navigation 名 ナビ
□ app 名 アプリ　□ venue 名 会場　□ parking space 駐車スペース
□ issue 名 問題

32.

Where is the conversation most likely taking place?
(A) On an airplane
(B) In a car
(C) In an office
(D) On a train

この会話はどこで交わされている可能性が最も高いですか。
(A) 機内で
(B) 車中で
(C) オフィスで
(D) 電車内で

正解 (A) 冒頭①の flight delay (飛行機の遅延) や、an earlier flight (もっと早い便) から、飛行機について話していることがわかります。続けて女性が②で an soon as we land (着陸したらすぐに) と言っているため、2人は今も飛行機に乗っていると考えられます。よって、(A) が正解です。

33.

How long does the man say it will take to drive to the venue?
(A) 10 minutes
(B) 20 minutes
(C) 30 minutes
(D) 40 minutes

男性は会場まで車でどのぐらいかかると言っていますか。
(A) 10分
(B) 20分
(C) 30分
(D) 40分

正解 (B) 設問に does the man say とあるため、確実に男性の発言にヒントがあります。2回目の発言 (③) で会場まで車で20分で着くと述べているので、(B) が正解です。会話中の get to the venue ... by car が設問では drive to the venue と言い換えられています。

34.

What does the woman say will be difficult?
(A) Reserving a flight
(B) Contacting a colleague
(C) Finding a parking space
(D) Negotiating a price

女性は何が難しいだろうと言っていますか。
(A) 飛行機を予約すること
(B) 同僚に連絡すること
(C) 駐車スペースを見つけること
(D) 価格を交渉すること

正解 (C) 女性は最後の発言で、思ったより早く着けそうなことを喜びつつ、④で「駐車スペースを見つけること」が問題だと述べています。つまり、それが難しいと考えているため、(C) が正解です。飛行機にはすでに乗っているため (A) の予約に関する話はしておらず、(B) の同僚や (D) の価格に関連する話題は出てきていないため、いずれも不適切です。

問題

New Employee Orientation Workshops	
Time	**Topic**
10:00 A.M.	Staff Introductions and Company History
11:00 A.M.	Company Mission and Values
1:00 P.M.	Safety and Health Policies
2:00 P.M.	New Employee Paperwork

65. Where do the speakers most likely work?
(A) At a construction firm
(B) At a garment manufacturer
(C) At a city council office
(D) At a car dealership

66. Look at the graphic. At which workshop will the woman make a presentation?
(A) Staff Introductions and Company History
(B) Company Mission and Values
(C) Safety and Health Policies
(D) New Employee Paperwork

67. What does the man say he will do?
(A) Respond to an e-mail
(B) Interview a job applicant
(C) Read a training manual
(D) Clean out a storage space

39

解答・解説

Questions 65 through 67 refer to the following conversation and schedule.

M: I'm heading out to the Carleton Library project in a few minutes. ①They've almost finished the first stage of construction. I need to take some photographs for the clients. Would you like to come along?

W: I'd love to see it, but I'm involved in the orientation workshops for the new employees.

M: I could delay my departure. What time do you have to give your presentation?

W: I'm just about to start. ②I'll be presenting from 11 o'clock, and I'll be finished at about 11:50.

M: That's fine. I'll wait for you. ③I wanted to clean out the storage room today. I'll work on that until you're ready to go.

W: Great. Thanks, Harry.

> **訳** 問題65〜67は次の会話とスケジュールに関するものです。
> 男性：数分後にCarleton図書館プロジェクトに向かうところです。建設の第一段階がほぼ完了しています。クライアント向けに写真を撮る必要があるんですが、一緒に来ますか。
> 女性：見てみたいですが、新入社員向けのオリエンテーションワークショップに関わっているんです。
> 男性：出発を遅らせてもいいですよ。何時にプレゼンするんですか。
> 女性：ちょうど始めるところです。11時からプレゼンで、11時50分頃には終わる予定です。
> 男性：それなら問題ないです。待っていますよ。今日は倉庫を片付けようと思っていたんです。あなたが準備できるまでそれに取り掛かります。
> 女性：よかったです。ありがとう、ハリー。

> **語注** □ **head out** 出発する □ **stage** 名 段階 □ **construction** 名 建設
> □ **come along** 一緒に来る □ **be involved in** 〜に関わる
> □ **orientation** 名 オリエンテーション □ **employee** 名 社員 □ **departure** 名 出発
> □ **be about to** ちょうど〜する □ **clean out** 〜を片付ける □ **storage room** 倉庫
> □ **work on** 〜に取り掛かる

65.

Where do the speakers most likely work?	話し手たちはどこで働いている可能性が最も高いですか。
(A) At a construction firm	(A) 建設会社
(B) At a garment manufacturer	(B) 衣料品製造業
(C) At a city council office	(C) 市役所
(D) At a car dealership	(D) 自動車販売店

正解 (A)　　男性は①で「建設の第一段階がほぼ終わった」と工事の進捗を述べています。よって建設に関する仕事についていると判断でき、(A) の「建設会社」が正解です。それ以外の職業については言及されていません。

66.

New Employee Orientation Workshops	
Time	**Topic**
10:00 A.M.	Staff Introductions and Company History
11:00 A.M.	Company Mission and Values
1:00 P.M.	Safety and Health Policies
2:00 P.M.	New Employee Paperwork

新入社員 オリエンテーションワークショップ	
時刻	**トピック**
午前10時	スタッフ紹介と会社の歴史
午前11時	会社のミッションとバリュー
午後1時	安全と健康に関する方針
午後2時	新入社員の書類手続き

Look at the graphic. At which workshop will the woman make a presentation?	図を見てください。女性が担当するワークショップはどれですか。
(A) Staff Introductions and Company History	(A) スタッフ紹介と会社の歴史
(B) Company Mission and Values	(B) 会社のミッションとバリュー
(C) Safety and Health Policies	(C) 安全と健康に関する方針
(D) New Employee Paperwork	(D) 新入社員の書類手続き

正解 (B)　　女性は②で自分のプレゼンについて「11時から始まる」と言っています。表において11時から始まるトピックを探すと、「会社のミッションとバリュー」についてだとわかります。よって (B) を選びます。

67.

What does the man say he will do?

(A) Respond to an e-mail
(B) Interview a job applicant
(C) Read a training manual
(D) Clean out a storage space

男性は何を行うと言っていますか。

(A) メールに返信する
(B) 求職者の面接をする
(C) 研修マニュアルを読む
(D) 倉庫を片付ける

正解 (D)　男性は③で「倉庫を片付けようとしていた」と述べ、女性の準備ができるまでそれに取り組む意思を示しています。よってこれに当てはまる (D) が正解です。

PART 4

PART 4

🔊 8

Directions: After listening to each talk, you will answer three questions. The questions and answer choices are printed in the test book. Choose the best answer for each question and mark the corresponding letter: (A), (B), (C), or (D) on your answer sheet. Each talk will be played only once.

訳

パート4

指示：各トークを聞いた後、3つの設問に答えます。設問と選択肢は問題冊子に印刷されています。各設問に対する最も適した答えを選び、解答用紙の (A)、(B)、(C)、(D) のいずれかをマークしてください。各トークは一度しか流れません

Part 4の解答ポイント

●トークを聞く前に設問を知る

　1つのトーク（30秒前後）につき設問数は3つです。解答に関係ない情報がたくさんトークに含まれるため、トークを聞く前に設問を読んでおくことが理想的です。そうすることで、どんな情報が解答に必要なのかあらかじめ知ることができます。

●図表が付いた問題

　後半には図表が付いた問題が3題あります。それぞれ3つある設問のうち1つは、その図表を見なければ解けないように作られています。

●マークシートの使い方

　1つのトークにつき設問が3つあるため、1問ごとにマークを塗るのは得策ではありません。なぜなら、マークを塗るたびに視線が問題冊子（設問と選択肢）から3秒ほど離れてしまうからです。視線が離れる時間を短縮するために、マーク欄の内側に軽くチェックマークを入れることをお勧めします。なお、Part 3も同じ要領です。Part 4が終わってから計69問のマークを素早く塗りつぶしましょう。

※「全国統一模試」には紙のマークシートはありません。

44　第2部　各パートのポイントと演習問題

問題

92. What type of product is the speaker discussing?
    (A) Some furniture
    (B) An automobile
    (C) Some jewelry
    (D) A computer

93. What does the speaker imply when she says, "We're having a hard time keeping up with demand"?
    (A) She received some customer complaints.
    (B) Some materials were not delivered on time.
    (C) A product has been selling well.
    (D) A shipping company is understaffed.

94. What will happen in November?
    (A) A new plant will be opened.
    (B) An awards ceremony will be held.
    (C) Some renovation work will be completed.
    (D) An important client will pay a visit.

解答・解説

Questions 92 through 94 refer to the following excerpt from a meeting.

①Here are the sales figures for the new laptop models. I'd like to thank the software development team in particular for designing such a user-friendly interface. We're having a hard time keeping up with demand. Of course, that's great news. ②Our profits are way up, and the product reviews are fantastic, but the factory has already reached its production capacity. Now, we do have a solution. We've decided to have Newport Technology take over the manufacturing of some of our other products. ③It's opening a new factory in November. This will allow our main factory to focus on producing the laptops.

訳 問題92〜94は次の会議の一部に関するものです。
こちらが新しいノートパソコンモデルの売上データです。使いやすいインターフェースを設計してくれたことに関して、特にソフトウェア開発チームに感謝したいと思います。需要についていくのが難しい状況です。もちろん、素晴らしいニュースです。利益は大幅に増加し、製品レビューも素晴らしいですが、工場はすでに生産能力の限界に達しています。さて、解決策はあります。Newport Technology が我が社の他の製品の製造を引き継ぐことを決定しました。同社は11月に新しい工場を開設する予定です。これにより、我々のメイン工場はノートパソコンの生産に集中できるようになります。

語注
□ **figure** 名 数字　□ **laptop** 名 ノートパソコン
□ **software** 名 ソフトウェア　□ **development** 名 開発　□ **in particular** 特に
□ **user-friendly** 形 使いやすい　□ **interface** 名 インターフェース
□ **keep up with** 〜についていく　□ **demand** 名 需要　□ **profit** 名 利益
□ **fantastic** 形 素晴らしい　□ **capacity** 名 能力　□ **solution** 名 解決策
□ **take over** 〜を引き継ぐ　□ **manufacturing** 名 製造　□ **focus** 動 集中する

92.

What type of product is the speaker discussing?

話し手はどんな種類の製品について話していますか。

(A) Some furniture
(B) An automobile
(C) Some jewelry
(D) A computer

(A) 家具
(B) 自動車
(C) 宝飾品
(D) コンピューター

正解 (D) 　話し手は①で「新しいノートパソコンモデル」について話しています。これを computer と言い換えた (D) が正解です。その他の製品については言及されていないため、不適切です。

93.

What does the speaker imply when she says, "We're having a hard time keeping up with demand"?

話し手はどのような意味を込めて「需要についていくのが難しい状況です」と言っていますか。

(A) She received some customer complaints.
(B) Some materials were not delivered on time.
(C) A product has been selling well.
(D) A shipping company is understaffed.

(A) 顧客からの苦情を受け取った。
(B) 材料の納品が間に合わなかった。
(C) 製品がよく売れている。
(D) 運送会社が人手不足である。

正解 (C) 　「需要についていくのが難しい」に続けて、話し手は②で「利益が大幅に増加した」と述べていることから、製品がたくさん売れていると判断できます。よって (C) が正解です。

語注 　□ **on time** 間に合って　□ **understaffed** 形 人材不足の

94.

What will happen in November?

(A) A new plant will be opened.

(B) An awards ceremony will be held.

(C) Some renovation work will be completed.

(D) An important client will pay a visit.

11月に何が起こりますか。

(A) 新しい工場が開設される。

(B) 表彰式が開催される。

(C) 改装作業が完了する。

(D) 重要な顧客が訪問する。

正解 (A)　話し手は③で「(Newport Technology が) 11月に新しい工場を開設する」と言っています。よってこれが11月に起こることであり、(A) が正解です。

48　第2部　各パートのポイントと演習問題

問題

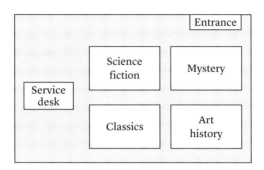

95. Why does the speaker thank the listeners?
 (A) They have donated used books.
 (B) They provided some advice.
 (C) They purchased some merchandise.
 (D) They have volunteered to work.

96. Look at the graphic. Which category does the speaker believe will be the most popular?
 (A) Science fiction
 (B) Classics
 (C) Mystery
 (D) Art history

97. What does the speaker ask for help with?
 (A) Conducting a survey
 (B) Arranging a table
 (C) Sending invitations
 (D) Installing equipment

解答・解説

Questions 95 through 97 refer to the following talk and floor plan.

Good morning, everyone. On behalf of the director of the Moreton Community Center, ①I'd like to thank all of you for being here today to help out with the book sale. The money we raise through our efforts will be used to renovate the community center. What I want you to do this morning is to display the books on the shelves according to the category they belong to. At the moment, I have them all in boxes. The four bookshelves have already been labeled to show which category of books they'll hold. ②The shelf closest to the entrance is for the category of books I think people are most likely to buy. Hopefully, they'll catch people's attention as they enter. ③Now, I need someone to help me set up the refreshments table. Who'd like to volunteer?

訳　問題95〜97は次のトークと間取図に関するものです。
皆さん、おはようございます。Moreton Community Center の館長として、本日はこちらへ書籍販売のお手伝いにお越しいただき感謝いたします。この取り組みで集める収益は、当コミュニティセンターの改修に充てられます。皆さまに午前中お願いしたいのは、書籍をそれぞれカテゴリーごとに棚へ陳列していただく作業です。現時点では、すべて箱の中に入っております。四つの本棚には、どのカテゴリーの本を置くかを示すラベルがすでに貼られています。入口に一番近い棚は、人々が最も購入する可能性が高いと思われるカテゴリーの書籍用です。願わくは、入館された時に来訪者の目に留まるといいなと思います。さて今から、軽食や飲み物用のテーブルを設置する作業に手を貸してくださる方が必要なのですが。どなたかお願いできますでしょうか。

語注　□ **on behalf of** 〜として　□ **director** 名 館長　□ **help out** 手伝う
□ **raise** 動 集める　□ **effort** 名 取り組み　□ **renovate** 動 改修する
□ **shelf** 名 棚　□ **according to** 〜に従って　□ **belong to** 〜に属する
□ **at the moment** 現時点では　□ **label** 動 ラベルを貼る　□ **entrance** 名 入口
□ **be likely to** 〜する可能性が高い　□ **hopefully** 副 願わくは
□ **volunteer** 動 手助けを申し出る

50　第2部　各パートのポイントと演習問題

95.

Why does the speaker thank the listeners?
(A) They have donated used books.
(B) They provided some advice.
(C) They purchased some merchandise.
(D) They have volunteered to work.

話し手はなぜ聞き手たちに感謝していますか。
(A) 彼らが古本を何冊か寄付してくれたから。
(B) 彼らが助言をしてくれたから。
(C) 彼らが商品を購入してくれたから。
(D) 彼らが作業をすると申し出てくれているから。

正解 (D) 設問から、話し手が聞き手に感謝することがわかります。前半①に登場する I'd like to thank all of you ... が相手に謝意を伝える表現で、理由はその直後にあります。... for being here today to help out with the book sale から本の販売を手伝うために集まってくれたことに感謝していることがわかります。それを簡潔に They have volunteered to work. と表現している (D) が正解です。

96.

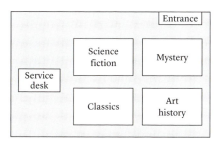 

Look at the graphic. Which category does the speaker believe will be the most popular?
(A) Science fiction
(B) Classics
(C) Mystery
(D) Art history

図を見てください。話し手はどのカテゴリーが最も人気があると考えていますか。

(A) SF (空想科学小説)
(B) 古典
(C) ミステリー
(D) 美術史

正解 (C) 話し手が考える、最も人気のあるカテゴリーが問われていますが、設問が Look at the graphic. で始まっているため、トークだけでなく間取図を参照して解答することになります。後半にある②から、最も人気のあると話し手が思っているカテゴリーは、入口に最も近い棚に陳列されます。間取図によれば、それは Mystery なので、正解は (C) です。

97.

What does the speaker ask for help with?

話し手は何のサポートを求めていますか。

(A) Conducting a survey
(B) Arranging a table
(C) Sending invitations
(D) Installing equipment

(A) 調査の実施
(B) テーブルの設営
(C) 招待状の送付
(D) 機材の設置

正解 (B) 話し手は③で、軽食や飲み物を置くためのテーブルを設置するのを手伝える人を募っています。従って、(B) が正解です。

なお、最後の発言に volunteer という語が含まれていますが、これはテーブル設置を手伝ってくれる人を探すために使われています。話し手が聞き手に感謝している表現ではないため、問題95の直接的なヒントにはなっていません。

This concludes the Listening Test. Please proceed to Part 5.
End of recording.

これでリスニングテストは終了です。パート5に進んでください。
音声終了。

52　第2部　各パートのポイントと演習問題

PART 5

READING TEST

The Reading Test will measure your ability to understand various documents and answer related questions. It consists of three parts, and you will have 75 minutes to complete it. Directions are provided at the beginning of each part. Try to answer as many questions as possible within the allocated time.

Mark your answers on the separate answer sheet. Do not write anything in the test book.

PART 5

Directions: Each of the following sentences is incomplete. Four options are provided after each sentence. Select the word or phrase that best completes the sentence and mark the corresponding letter: (A), (B), (C), or (D) on your answer sheet.

訳

リーディングテスト

リーディングテストでは、さまざまな文書を理解し、それに関連する質問に答える能力を測定します。テストは3つのパートで構成されており、制限時間は75分です。各パートの始めに指示が与えられます。制限時間内にできるだけ多くの問題を解答してください。

解答は別の解答用紙に記入してください。問題冊子には何も書かないでください。

パート5

指示: 次の各文は一部が欠けています。各文の後に4つの選択肢が示されています。文を最も適切に完成させる語句を選び、解答用紙の (A)、(B)、(C)、(D) のいずれかをマークしてください。

53

Part 5の解答ポイント

●時間をかけすぎない

　リーディングセクションは75分ですが、全100問を解き切るのは簡単ではありません。Part 5で時間を使い過ぎないよう注意が必要です。目安として Part 5は10分程度で終わるよう練習しましょう。

●選択肢から読む

　なるべく時間を節約する方法の1つとして有効なのは、問題文より先に選択肢に目を通すことです。そうすることで「問題タイプ」を瞬時に知り、時間を節約できます。例えば、選択肢に前置詞が並んでいる場合は、空所の近くにヒントがあることが多く、時間を節約できます。

●悩みすぎない

　文法や語彙の問題を正確に解くために必要なのは知識です。試験が始まってしまったら、知識を増やすことはできないため、解けないと感じた問題に長時間を費やしても効果はありません。早めに切り上げて次の問題に進みましょう。

103. Lannerty Solutions' visibility has increased ------- since the hiring of Mr. McGregor as marketing director.
(A) signify
(B) significantly
(C) significant
(D) to signify

解答・解説

103.

◀11

Lannerty Solutions' visibility has increased ------- since the hiring of Mr. McGregor as marketing director.

マーケティング部長として McGregor 氏を採用して以来、Lannerty Solutions の知名度はかなり高まってきている。

(A) signify
(B) significantly
(C) significant
(D) to signify

正解 (B)　空所の前に主語 Lannerty Solutions' visibility と動詞 has increased があり、後ろは前置詞 since で補足情報がつながれています。よって空所には動詞を修飾する副詞が求められていると判断でき、(B) の significantly「かなり」が正解です。(A) の signify「〜を示す」は動詞の原形、(C) の significant「かなりの」は形容詞、(D) の to signify は不定詞です。

語注　□ **visibility** 名 知名度

56　第 2 部　各パートのポイントと演習問題

PART 6

PART 6

Directions: The passages below contain missing sections. For each blank, four options consisting of words, phrases, or sentences are provided. Select the option that best completes the passage and mark the corresponding letter: (A), (B), (C), or (D) on your answer sheet.

訳

パート6

指示: 以下の文書には、一部欠けている箇所があります。各空欄に対して、単語、句、または文の4つの選択肢が示されています。文書を最も適切に完成させる選択肢を選び、解答用紙の (A)、(B)、(C)、(D) のいずれかをマークしてください。

Part 6 の解答ポイント

●悩みすぎない

Part 5 と同じように、Part 6 でも時間を使い過ぎないよう注意が必要です。10分程度で終わるよう練習しましょう。

●必ず前から順に読む

Part 5 と違い、Part 6 で求められるのは「ストーリー」を理解する力です。そのため、空所の近くだけを拾い読みしても解けない問題が多く出題されます。文書は常に前から順に読むよう心掛けましょう。

●文を選ぶ問題

各文書に1つずつ、文を選ぶ問題が出題されます。この問題を解くには、空所の前だけでなく後ろも読む必要があります。よって、空所の後まで読み進め、1文か2文を読み終えてから解答すると解きやすくなります。

58　第2部　各パートのポイントと演習問題

問題

Questions 139–142 refer to the following notice.

NOTICE

Geralt Rail regrets to inform passengers that the dining car will not be available for the breakfast service from tomorrow. Instead, railway employees ------- carts **139.** up and down the aisle selling light meals. Please understand that the selection is very limited. ------- , we cannot guarantee the timing or the frequency with which **140.** staff will appear in each car. For the ------- future, lunch and dinner will be served **141.** in the dining car as usual. ------- . You can see detailed information about the **142.** lunch and dinner menus on the Geralt Rail Web site at www.geraltrail.com.

---

139. (A) will be pushing
(B) have pushed
(C) were pushed
(D) are being pushed

140. (A) Nevertheless
(B) Luckily
(C) Accordingly
(D) Furthermore

141. (A) reliant
(B) immediate
(C) legitimate
(D) promising

142. (A) We cannot be sure when this service will be resumed.
(B) We are happy to announce that this is also the case for breakfast.
(C) Meals will be served from 11:00 A.M. and 5:30 P.M., respectively.
(D) The schedule for the food carts is posted in each passenger car.

解答・解説

Questions 139–142 refer to the following notice. ▶12

NOTICE

Geralt Rail regrets to inform passengers that ①the dining car will not be available for the breakfast service from tomorrow. Instead, railway employees ------- **139.** carts up and down the aisle selling light meals. ②Please understand that the selection is very limited. ------- **140.** , ③we cannot guarantee the timing or the frequency with which staff will appear in each car. For the ------- **141.** future, lunch and dinner will be served in the dining car as usual. ------- **142.** . You can see detailed information about the lunch and dinner menus on the Geralt Rail Web site at www.geraltrail.com.

訳 　問題139〜142は次の告知に関するものです。

Geralt Rail は、お客様に残念なお知らせをしなければなりません。明日から食堂車での朝食サービスが利用できなくなります。代わりに、鉄道従業員がカートを押して通路を行き来し、軽食を販売いたします。提供できる品が非常に限られることをご理解ください。さらに、スタッフが各車両に現れるタイミングや頻度についても保証はできません。当面の間、昼食と夕食は通常通り食堂車で提供されます。食事は午前11時と午後5時30分からそれぞれ提供されます。昼食と夕食のメニューの詳細は、Geralt Rail のウェブサイト www.geraltrail.com でご覧いただけます。

語注 　□ **regret** 動 残念に思う　□ **inform** 動 知らせる　□ **dining car** 食堂車
□ **instead** 副 代わりに　□ **aisle** 名 通路　□ **limited** 形 限られた
□ **guarantee** 動 保証する　□ **frequency** 名 頻度　□ **appear** 動 現れる
□ **detailed** 形 詳細な

60　第2部　各パートのポイントと演習問題

139.

(A) will be pushing
(B) have pushed
(C) were pushed
(D) are being pushed

正解 (A) 　　カートによる軽食販売がいつ行われるかを示すヒントは①です。食堂車が朝食を提供しないのは明日以降のことなので、従業員がカートを押して軽食を販売するのも明日以降です。よって、(A) will be pushing が適切です。(B) の have pushed は現在完了形で、すでに押していることを表します。(C) の were pushed と (D) の are being pushed は受動態なので、空所の後ろにある carts を目的語にとることができません。

140.

(A) Nevertheless
(B) Luckily
(C) Accordingly
(D) Furthermore

正解 (D) 　　空所前の②で、カートで販売される品物の種類が少ないことを伝えています。空所直後の③でも、販売のタイミングと頻度を保証できないという、乗客にとって嬉しくない情報を伝えています。空所前の情報に対して、同質の情報が追加されているので、(D) Furthermore「さらに」を空所に入れるのが自然です。(A) の Nevertheless は「それでもなお」、(B) の Luckily は「幸いにも」、(C) の Accordingly は「したがって」という意味なので、文脈に合いません。

141.

(A) reliant
(B) immediate
(C) legitimate
(D) promising

正解 (B) 名詞 future とペアになる形容詞が問われています。(A) reliant「依存している」と (C) legitimate「正当な」は future を修飾する語として適切ではありません。(D) promising を future と組み合わせると「有望な将来」を意味しますが、「昼食と夕食は食堂車で提供される」ことを伝えるこの文には不適切です。(B) immediate を空所に入れると、For the immediate future「当面の間」というフレーズが成立します。immediate は「時間的な近さ」だけでなく、immediate supervisor「直属の上司」のように「関係の近さ」を示すこともあります。

142.

(A) We cannot be sure when this service will be resumed.

(B) We are happy to announce that this is also the case for breakfast.

(C) Meals will be served from 11:00 A.M. and 5:30 P.M., respectively.

(D) The schedule for the food carts is posted in each passenger car.

(A) このサービスが再開される時期は未定です。

(B) これは朝食についても同様であることを朗報としてお伝えいたします。

(C) 食事は午前11時と午後5時30分からそれぞれ提供されます。

(D) フードカートのスケジュールは各車両に掲示されています。

正解 (C) 空所前だけでなく、空所後にも昼食と夕食に関する情報が続いています。よって、空所にも昼食と夕食に関連する情報を入れると自然になります。(C) の Meals が「昼食と夕食」をまとめた語で、それぞれの提供開始時刻が明記されています。この後に「メニュー詳細はウェブサイトにある」と続けば情報の流れがスムーズになるため、(C) が正解です。(A) は「朝食サービスが終わる」という情報の直後であれば成立します。(B) は、朝食提供が終わるのに対して昼食と夕食の提供は続くことに矛盾します。(D) も③の内容に合いません。

語注 □ **resume** 動 再開する　□ **case** 名 事実　□ **respectively** 副 それぞれに

62　第2部　各パートのポイントと演習問題

PART 7

PART 7

Directions: Read a variety of documents such as advertisements, notices, magazine articles, and instant messages. Answer the questions related to each document by selecting the best option and marking the corresponding letter: (A), (B), (C), or (D) on your answer sheet.

訳

パート7

指示：広告、通知、雑誌の記事、インスタントメッセージなど、さまざまな文書を読んでください。各文書に関する設問に答え、最も適切な選択肢を選び、解答用紙の (A)、(B)、(C)、(D) のいずれかをマークしてください。

Part 7の解答ポイント

●シングルパッセージ

基本的に、設問の順番と同じ順で解答のヒントが登場します。つまり、1問目のヒントより後に2問目のヒントが登場し、それより後に3問目のヒントが登場します。

●マルチプルパッセージ

Part 7の後半では、2つまたは3つの文書が出題され、それぞれ5つの設問があります。これらの中には、2つの文書を理解しなければ解けない設問もあります。

●全問解答は簡単ではない

多くの受験者にとってリーディングセクションの全100問を75分で解答するのは簡単ではありません。そのため、全ての設問を解けなくても失望する必要はありません。大事なのは「その日の自分が解ける問題をたくさん見つけて解く」ことです。解答に時間がかかりそうな文書や設問は思い切って飛ばすことも立派な作戦です。

64　第2部　各パートのポイントと演習問題

問題

Questions 149–150 refer to the following text-message chain.

Walter White 8:49 A.M.
Are you still in your room? We have to get to the airport, and there's a lot of traffic this morning.

Sofia Giordano 8:50 A.M.
I'll be down in a moment. I'm looking for my phone charger.

Walter White 8:51 A.M.
OK. The taxi will be here in a couple of minutes.

Sofia Giordano 8:52 A.M.
I know. I think I must have left it at Hartley Industries.

Walter White 8:53 A.M.
You can borrow mine. I brought a spare.

Sofia Giordano 8:53 A.M.
Thanks, Walter. I'll be down in a minute.

Walter White 8:54 A.M.
I'm in the lobby by the concierge desk. Just leave your key at reception.

Sofia Giordano 8:55 A.M.
I'm on my way.

66　第 2 部　各パートのポイントと演習問題

149. At 8:51 A.M., why does Mr. White write, "The taxi will be here in a couple of minutes"?

(A) He needs to withdraw some money.

(B) He wants Ms. Giordano to hurry.

(C) He thinks they should find other transportation.

(D) He is impressed with a new service.

150. Where most likely are the writers?

(A) At a conference center

(B) At a train station

(C) At a hotel

(D) At a hospital

解答・解説

Questions 149–150 refer to the following text-message chain. 🔊13

Walter White　　　　8:49 A.M.
①Are you still in your room?　②We have to get to the airport, and there's a lot of traffic this morning.

Sofia Giordano　　　　8:50 A.M.
I'll be down in a moment. I'm looking for my phone charger.

Walter White　　　　8:51 A.M.
OK. The taxi will be here in a couple of minutes.

Sofia Giordano　　　　8:52 A.M.
I know. I think I must have left it at Hartley Industries.

Walter White　　　　8:53 A.M.
You can borrow mine. I brought a spare.

Sofia Giordano　　　　8:53 A.M.
Thanks, Walter. I'll be down in a minute.

Walter White　　　　8:54 A.M.
③I'm in the lobby by the concierge desk. Just leave your key at reception.

Sofia Giordano　　　　8:55 A.M.
I'm on my way.

訳　問題149〜150は次のテキストメッセージのやりとりに関するものです。

Walter White　　　　午前8時49分
まだ部屋にいる？　空港に行かないといけないし、今朝は交通渋滞がひどいよ。

Sofia Giordano　　　　午前8時50分
すぐに下りるわ。携帯の充電器を探しているの。

Walter White　　　　午前8時51分
よし。タクシーは数分後に来るよ。

68　第2部　各パートのポイントと演習問題

Sofia Giordano 午前8時52分
わかってるわ。Hartley Industries に忘れてきたみたい。

Walter White 午前8時53分
僕のを貸してあげるよ。予備を持ってきたから。

Sofia Giordano 午前8時53分
ありがとう、Walter。すぐに下りるわ。

Walter White 午前8時54分
コンシェルジュデスクの横のロビーにいるよ。鍵は受付に置いてきてね。

Sofia Giordano 午前8時55分
向かっているわ。

語注　□ **concierge** **名** コンシェルジュ

149.

At 8:51 A.M., why does Mr. White write, "The taxi will be here in a couple of minutes"?

(A) He needs to withdraw some money.
(B) He wants Ms. Giordano to hurry.
(C) He thinks they should find other transportation.
(D) He is impressed with a new service.

午前8時51分に White さんが「タクシーは数分後に来るよ」と書いたのはなぜですか。

(A) お金を引き出す必要があるため。
(B) Giordano さんに急いでほしいため。
(C) 他の交通手段を探すべきだと思っているため。
(D) 新しいサービスに感心しているため。

正解 (B)　男性は②で「空港に行かなければならない」ことや「今朝は渋滞がひどい」といった交通に関する話をして心配しています。よって Giordano さんに出発を急いでほしいと思っていると考えられ、(B) が正解です。

150.

Where most likely are the writers?

(A) At a conference center
(B) At a train station
(C) At a hotel
(D) At a hospital

書き手たちはどこにいる可能性が最も高いですか。

(A) 会議センター
(B) 駅
(C) ホテル
(D) 病院

正解 (C)　男性が①で「部屋にいるのか」と聞いていることや、③で「ロビー」や「コンシェルジュ」、「受付」などホテルに関連する話をしているため、(C) が正解だと判断できます。

問題

Questions 161–163 refer to the following brochure.

Join the Cooper Cycling Association (CCA)

The Cooper Cycling Association organizes major monthly cycling events at our headquarters at Springfield Bicycle Store. These include picnics, mountain climbs, and swap meets. —[1]— . We also hold the Annual Landis City to Surf Road Race, which attracts attention from the national television media. CCA members receive invitations to these events through our monthly newsletter. Our members also arrange smaller, semi-official events such as trail rides and barbecue parties on most weekends. You can follow their activities on various social media platforms. —[2]— .

Membership costs $70 a year, and it entitles you to special rates on bicycles and parts from Springfield Bicycle Store as well as the monthly newsletter from the club's administration committee led by Haydn Dalton. Haydn can process your application in person at Springfield Bicycle Store from Wednesday to Friday between 11:00 A.M. and 3:00 P.M. —[3]— . People joining in person can choose to pay by cash or credit card. Alternatively, you can submit your application over the phone at 534-555-4832. —[4]— . Naturally, telephone applicants will need to pay by credit card. Please have your details ready before you call.

72　第 2 部　各パートのポイントと演習問題

161. What is the brochure about?

    (A) A recreational club
    (B) A sports facility
    (C) A television program
    (D) A fitness device

162. What is NOT mentioned as a benefit of membership?

    (A) Free trials of new products
    (B) Invitations to events
    (C) Discounts on parts
    (D) A monthly newsletter

163. In which of the positions marked [1], [2], [3], and [4] does the following sentence best belong?

    "The address is 632 Maxline Way, North Springfield."

    (A) [1]
    (B) [2]
    (C) [3]
    (D) [4]

解答・解説

Questions 161-163 refer to the following brochure.

Join the Cooper Cycling Association (CCA)

The Cooper Cycling Association organizes major monthly cycling events at our headquarters at Springfield Bicycle Store. These include picnics, mountain climbs, and swap meets. —[1]—. We also hold the Annual Landis City to Surf Road Race, which attracts attention from the national television media. CCA members receive invitations to these events through our monthly newsletter. Our members also arrange smaller, semi-official events such as trail rides and barbecue parties on most weekends. You can follow their activities on various social media platforms. —[2]—.

Membership costs $70 a year, and it entitles you to special rates on bicycles and parts from Springfield Bicycle Store as well as the monthly newsletter from the club's administration committee led by Haydn Dalton. Haydn can process your application in person at Springfield Bicycle Store from Wednesday to Friday between 11:00 A.M. and 3:00 P.M. —[3]—. People joining in person can choose to pay by cash or credit card. Alternatively, you can submit your application over the phone at 534-555-4832. —[4]—. Naturally, telephone applicants will need to pay by credit card. Please have your details ready before you call.

訳 問題161～163は次のパンフレットに関するものです。

Cooperサイクリング協会（CCA）に参加しませんか

Cooperサイクリング協会は、Springfield Bicycle Storeを拠点に毎月主要なサイクリングイベントを開催しています。これにはピクニック、山登り、フリーマーケットなどが含まれます。また、全国的なテレビメディアの注目を集める、Annual Landis City to Surf Road Raceも開催しています。CCAメンバーはこれらのイベントへの招待を月刊ニュースレターを通じて受け取ります。また、メンバーはほとんどの週末にトレイルライドやバーベキューなどの小規模な非公式イベントを企画しています。これらの活動は、さまざまなソーシャルメディアプラットフォームでフォローすることができます。

会費は年間70ドルで、Springfield Bicycle Storeでの自転車や部品の特別価格およびHaydn Daltonが主導するクラブの運営委員会からの月刊ニュースレターが含まれます。Haydnは、

水曜日から金曜日の午前11時から午後3時までSpringfield Bicycle Storeで申請を直接受け付けています。住所は632 Maxline Way, North Springfieldです。直接加入する人は現金またはクレジットカードで支払うことができます。あるいは、534-555-4832に電話で申請することも可能です。当然ながら、電話申請の場合はクレジットカードでの支払いが必要です。お電話の前に詳細をご準備ください。

> **語注** □ **organize** 動 主催する □ **headquarters** 名 本部
> □ **mountain climb** 山登り □ **swap meet** フリーマーケット
> □ **national television media** 全国テレビメディア □ **arrange** 動 企画する
> □ **semi-official** 形 非公式の □ **trail ride** トレイルライド
> □ **social media** ソーシャルメディア □ **entitle** 動 資格を与える
> □ **administration committee** 運営委員会 □ **process** 動 処理する
> □ **in person** 直接 □ **alternatively** 副 あるいは □ **naturally** 副 当然ながら

161.

What is the brochure about?

(A) A recreational club
(B) A sports facility
(C) A television program
(D) A fitness device

パンフレットは何に関するものですか。

(A) レクリエーションクラブ
(B) スポーツ施設
(C) テレビ番組
(D) 運動器具

正解 (A) パンフレットのタイトルである①で「Cooperサイクリング協会」への参加を呼びかけています。この協会については②で「毎月サイクリングイベントを開催」しているとあり、④ではバーベキューなどの非公式イベントにも言及されています。これらをまとめて recreation と言い換えた (A) が正解です。

162.

What is NOT mentioned as a benefit of membership?

(A) Free trials of new products
(B) Invitations to events
(C) Discounts on parts
(D) A monthly newsletter

会員特典として述べられていないものは何ですか。

(A) 新製品の無料トライアル
(B) イベントへの招待
(C) 部品の割引
(D) 月刊ニュースレター

正解 (A) パンフレットの中で触れられていないものを探す問題です。④でメンバーに「イベントへの招待」があることが明示されています。また、部品の割引や月間のニュースレターについては⑤で言及されています。よって該当しないのが (A) の「新製品の無料トライアル」で、これが正解です。

163.

In which of the positions marked [1], [2], [3], and [4] does the following sentence best belong?

次の文を当てはめるには、[1]、[2]、[3]、[4] と印が付けられた箇所のうちのどこが最もふさわしいですか 。

"The address is 632 Maxline Way, North Springfield."

「住所は 632 Maxline Way, North Springfield です。」

(A) [1]
(B) [2]
(C) [3]
(D) [4]

(A) [1]
(B) [2]
(C) [3]
(D) [4]

正解 (C) ⑥では協会への加入方法が述べられており、直接申請できる時間や場所に言及されています。その後の空所 [3] を挟み、その後では支払い方法の話が続いているため、この間に申し込み場所の住所が入ると考えるのが妥当です。よって (C) が正解です。その他の場所ではいずれも文の流れに合いません。

Questions 181–185 refer to the following e-mail and advertisement.

To: Brian Paxton <bpaxton@erklandscaping.com>
From: Terry Yates <tyates@hollardown.com>
Date: June 7
Subject: 23 Mulberry Street

Mr. Paxton,

Thank you for coming out and providing a quote on the landscaping work at my investment property yesterday. I regret that I was not able to meet you there as I had promised, but I am glad that the video chat was sufficient for your needs. I did not expect to receive the quote until June 9, so I was very impressed with your promptness. I would like to have the work completed by June 20 so that the real estate agent can come around and take some photographs for the rental listing. I have decided against the paving we discussed because the cost will be prohibitive. Please revise the contract accordingly and resend it. I will sign it and return it immediately so that you can start work.

The fountain is likely to take a lot of time, so I hope you can get started as soon as possible. You are welcome to dismantle the pool fence for painting if you like as the property is currently vacant.

Terry Yates

ERK Landscaping

Durant City's most trusted landscaping service for over a decade!

ERK Landscaping is Plymouth's largest landscaping firm. We have ongoing contracts with some of the city's most successful businesses including Hampton Golf Course, Lansing Hospital, and the Normandy Business Center. However, we are just as comfortable taking on residential projects. You can check out our prior work and testimonials from satisfied customers by visiting our Web site at www.erklandscaping.com. When you are ready to go ahead, call our helpful customer service representatives to request a price estimate for your project. Customers who sign contracts in June get 20 percent off water features, stone paving, and flower beds.

Tel 555 3932

181. When did Ms. Yates and Mr. Paxton have an online meeting?

(A) On June 6
(B) On June 7
(C) On June 8
(D) On June 9

182. What is implied about Ms. Yates?

(A) She works at a real estate agency.
(B) She has used Mr. Paxton's company before.
(C) She lives at 23 Mulberry Street.
(D) She plans to rent the property to a tenant.

183. What is mentioned about ERK Landscaping?

(A) It is a family-owned business.
(B) It has corporate clients.
(C) It advertises on social media.
(D) It charges a fee for quotations.

184. In the advertisement, the word "comfortable" in paragraph 1, line 4, is closest in meaning to

(A) at ease
(B) well-off
(C) spacious
(D) luxurious

185. What part of the work will Ms. Yates receive a discount on?

(A) The stone paving
(B) The water feature
(C) The flower garden
(D) The pool fence

解答・解説

Questions 181–185 refer to the following e-mail and advertisement. 🔊15

To: Brian Paxton <bpaxton@erklandscaping.com>
From: Terry Yates <tyates@hollardown.com>
①Date: June 7
Subject: 23 Mulberry Street

Mr. Paxton,

②Thank you for coming out and providing a quote on the landscaping work at my investment property yesterday. I regret that I was not able to meet you there as I had promised, but I am glad that the video chat was sufficient for your needs. I did not expect to receive the quote until June 9, so I was very impressed with your promptness. I would like to have the work completed by June 20 so that ③the real estate agent can come around and take some photographs for the rental listing. I have decided against the paving we discussed because the cost will be prohibitive. Please revise the contract accordingly and resend it. I will sign it and return it immediately so that you can start work.

④The fountain is likely to take a lot of time, so I hope you can get started as soon as possible. You are welcome to dismantle the pool fence for painting if you like as the property is currently vacant.

Terry Yates

ERK Landscaping

Durant City's most trusted landscaping service for over a decade!

ERK Landscaping is Plymouth's largest landscaping firm. ⑤We have ongoing contracts with some of the city's most successful businesses including Hampton Golf Course, Lansing Hospital, and the Normandy Business Center. However, we are just as comfortable taking on residential projects. You can check out our prior work and testimonials from satisfied customers by visiting our Web site at www.erklandscaping.com. When you are ready to go ahead, call our helpful customer service representatives to request a price estimate for your project. ⑥Customers who sign contracts in June get 20 percent off water features, stone paving, and flower beds.

Tel 555 3932

訳 問題181～185は次のEメールと広告に関するものです。

宛先： Brian Paxton <bpaxton@erklandscaping.com>
差出人：Terry Yates <tyates@hollardown.com>
日付： 6月7日
件名： 23 Mulberry Street

Paxton 様

昨日は私の投資物件にお越しいただき、造園工事の見積もりをありがとうございました。お約束していた通りに現地でお目にかかれず残念でしたが、ビデオチャットで必要な情報を得ることができてよかったです。見積もりは6月9日まで届かないと思っていたので、迅速な対応にとても感服いたしました。6月20日までに工事を完了していただき、不動産業者が賃貸物件の情報掲載用に写真を撮りに来られるようにしたいです。検討した舗装工事については、費用が莫大になるため断念しました。契約書をそのように修正し、再送してください。あなたが工事に取り掛かれるよう、すぐにサインして返送します。

噴水はかなり時間がかかりそうなので、できるだけ早く始めていただけると助かります。物件は現在は空き家ですので、ご希望でしたら塗装のためにプールフェンスを解体していただいても結構です。

Terry Yates

語注 □ **quote** 名 見積もり □ **landscaping work** 造園工事
□ **investment property** 投資物件 □ **promptness** 名 迅速さ
□ **rental listing** 賃貸物件の情報 □ **prohibitive** 形 莫大な □ **revise** 動 修正する
□ **accordingly** 副 それに応じて □ **fountain** 名 噴水 □ **dismantle** 動 解体する
□ **pool fence** プールフェンス □ **vacant** 形 空いている

ERK Landscaping
Durant City で10年以上にわたり最も信頼されている造園サービス！

ERK Landscaping は、Plymouth で最大の造園会社です。当社は Hampton Golf Course、Lansing Hospital、Normandy Business Center を含む市内の有力企業と継続的な契約を結んでいます。しかし、住宅プロジェクトにも問題なく対応しております。当社の Web サイト（www.erklandscaping.com）で、これまでの実績やご満足いただいたお客様の声をご覧いただけます。ご予定がお決まりになりましたら、当社のカスタマーサービス担当者にお電話いただき、プロジェクトの見積もりをご依頼ください。6月中に契約を結んだお客様は、水の設備、石の舗装、花壇が20％オフになります。

電話 555 3932

81

語注 □ **ongoing contract** 継続的な契約 □ **comfortable** 形 容易にこなせる
□ **residential project** 住宅プロジェクト □ **prior** 形 これまでの
□ **testimonial** 名 証言
□ **customer service representative** カスタマーサービス担当者
□ **water feature** 水の設備 □ **stone paving** 石の舗装 □ **flower bed** 花壇

181.

When did Ms. Yates and Mr. Paxton have an online meeting?

(A) **On June 6**
(B) On June 7
(C) On June 8
(D) On June 9

Yates さんと Paxton さんはいつオンライン会議をしましたか。

(A) 6月6日
(B) 6月7日
(C) 6月8日
(D) 6月9日

正解 (A) ②を見ると Yates さんは「昨日」の会議に対するお礼を伝えています。メール冒頭の①で日付を確認すると6月7日であり、その前日である6月6日に会議が行われたことがわかります。よって (A) が正解です。

182.

What is implied about Ms. Yates?

(A) She works at a real estate agency.
(B) She has used Mr. Paxton's company before.
(C) She lives at 23 Mulberry Street.

(D) **She plans to rent the property to a tenant.**

Yates さんについて示唆されていることは何ですか。

(A) 彼女は不動産会社で働いている。
(B) 彼女は Paxton さんの会社を以前に利用したことがある。
(C) 彼女は 23 Mulberry Street に住んでいる。
(D) 彼女はその物件を人に貸す予定である。

正解 (D) Yates さんは③で、「不動産業者が賃貸物件の情報掲載用に写真を撮りに来られるようにしたい」と述べています。つまり、この物件を賃貸に出すことを予定していると判断できます。これを意味する (D) を選びます。

語注 □ **tenant** 名 入居者 (通常、日本語の「テナント」は店や会社だが、英語では人も含む)

82 　第 2 部　各パートのポイントと演習問題

183.

What is mentioned about ERK Landscaping?

(A) It is a family-owned business.
(B) It has corporate clients.
(C) It advertises on social media.
(D) It charges a fee for quotations.

ERK Landscaping について述べられていることは何ですか。

(A) 家族経営の会社である。
(B) 法人顧客がいる。
(C) ソーシャルメディアで広告を出している。
(D) 有料で見積もりを出す。

正解 (B) 広告内の⑤を見ると、複数の社名を列挙した上で「市内の有力企業と継続的な契約を結んでいる」とあります。よって (B) が正解です。その他に関しては言及がないため、不適切です。

184.

In the advertisement, the word "comfortable" in paragraph 1, line 4, is closest in meaning to

(A) at ease
(B) well-off
(C) spacious
(D) luxurious

広告において、第1段落4行目にある「comfortable」に最も意味が近いのは

(A) 気軽に
(B) 裕福な
(C) 広々とした
(D) 豪華な

正解 (A) 文脈上、企業の案件以外に個人向け住宅にも対応している、という流れです。ここでの comfortable は「問題なく」の意味で使われています。住宅プロジェクトを引き受ける上で身構えたり緊張したりすることはなく、「気軽に」対応できるという内容です。これに最も近いのは、(A) の at ease です。

185.

What part of the work will Ms. Yates receive a discount on?

(A) The stone paving
(B) The water feature
(C) The flower garden
(D) The pool fence

Yates さんはどの部分の工事で割引を受けますか。

(A) 石の舗装
(B) 水の設備
(C) 花壇
(D) プールフェンス

正解 (B)　　　広告の⑥を見ると、6月中の契約で割引の対象となるのは「水の設備、石の舗装、花壇」のいずれかです。ここで Yates さんのメールを見ると、④で「噴水の工事をできるだけ早く始めてほしい」と頼んでいることがわかります。噴水は「水の設備」であるため、これに対して割引が適用されると判断できます。よって (B) が正解です。(A) の舗装については、高額なため断念したと述べています。(C) への言及はなく、(D) のフェンスは解体できる物として言及されているため割引対象ではありません。

問題

Questions 191–195 refer to the following Web page, text message, and e-mail.

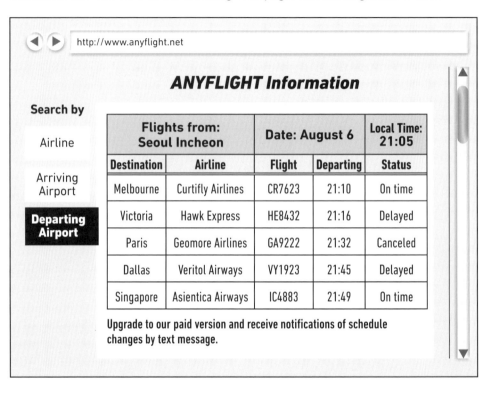

To:	Ted Cooper
From:	Helen Lippiatt
Date:	August 6, 9:09 P.M.

Ted, please keep an eye on the flight schedule for my flight. I'm in Seoul now waiting for my transfer. I'm taking a Veritol Airways flight from here. The connecting flight is two hours late. At the moment, we're expected to leave here at 9:45. It means I'll be arriving at about 10:20 tomorrow morning. Thanks!

```
═══════════════ E-Mail Message ═══════════════
```

To:	Brad Singh <bsingh@hollandassociates.com>
From:	Ted Cooper <tcooper@hollandassociates.com>
Date:	August 7
Subject:	Afternoon meeting

Hi Brad,

Would you mind rescheduling the department meeting for 4:00 P.M.? I am at the airport to pick up Ms. Lippiatt after her trip to the UK. I just checked the arrivals board and learned that the flight is two hours late. It seems that I have to wait until 10:20 or so to see her. Ms. Lippiatt mentioned that she would like to drop by her apartment before coming into the office. So, I will not be back in time for the meeting as originally scheduled. Let me know if anyone is unable to attend from 4:00 P.M.

I want to make the most of my time while I'm stuck here. Could you send me a copy of the new employee handbook? I will check it for errors while I am waiting. When I have finished, I will send it straight to the printers. I want to prepare it by Monday so we can refer to it in Tuesday's meeting to familiarize the new recruits with our policies.

Regards,

Ted

191. What is implied about ANYFLIGHT Information?

(A) It is owned by Curtifly Airlines.
(B) It has a smartphone app.
(C) It has a subscription service.
(D) It specializes in Asian destinations.

192. What is Ms. Lippiatt's destination?

(A) Melbourne
(B) Victoria
(C) Paris
(D) Dallas

193. What is probably true about Mr. Cooper?

(A) He did not read Ms. Lippiatt's text message.
(B) He will accompany Ms. Lippiatt to the UK.
(C) He cannot meet Ms. Lippiatt at the airport.
(D) He works for a publishing company.

194. According to the e-mail, where will Mr. Cooper most likely go next?

(A) To a printing company
(B) To a private residence
(C) To a travel agency
(D) To a local restaurant

195. What will most likely take place on Tuesday?

(A) An employee banquet
(B) A sales event
(C) A product delivery
(D) An orientation session

解答・解説

Questions 191–195 refer to the following Web page, text message, and e-mail.

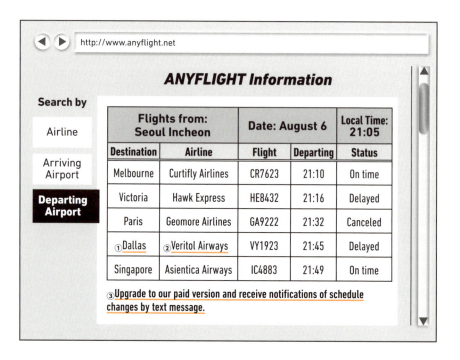

To:	Ted Cooper
From:	Helen Lippiatt
Date:	August 6, 9:09 P.M.

Ted, please keep an eye on the flight schedule for my flight. I'm in Seoul now waiting for my transfer. ④I'm taking a Veritol Airways flight from here. The connecting flight is two hours late. At the moment, we're expected to leave here at 9:45. ⑤It means I'll be arriving at about 10:20 tomorrow morning. Thanks!

	E-Mail Message
To:	Brad Singh <bsingh@hollandassociates.com>
From:	Ted Cooper <tcooper@hollandassociates.com>
Date:	August 7
Subject:	Afternoon meeting

Hi Brad,

Would you mind rescheduling the department meeting for 4:00 P.M.? I am at the airport to pick up Ms. Lippiatt after her trip to the UK. ⑥I just checked the arrivals board and learned that the flight is two hours late. It seems that I have to wait until 10:20 or so to see her. ⑦Ms. Lippiatt mentioned that she would like to drop by her apartment before coming into the office. So, I will not be back in time for the meeting as originally scheduled. Let me know if anyone is unable to attend from 4:00 P.M.

I want to make the most of my time while I'm stuck here. Could you send me a copy of the new employee handbook? I will check it for errors while I am waiting. When I have finished, I will send it straight to the printers. ⑧I want to prepare it by Monday so we can refer to it in Tuesday's meeting to familiarize the new recruits with our policies.

Regards,

Ted

訳 　問題191〜195は次のウェブページ、テキストメッセージ、Eメールに関するものです。

---

http://www.anyflight.net

ANYFLIGHT Information

検索条件

航空会社

到着空港

出発空港

出発地：Seoul Incheon		日付：8月6日		現地時間：21:05
目的地	航空会社	フライト	出発時刻	状況
Melbourne	Curtifly Airlines	CR7623	21:10	定刻
Victoria	Hawk Express	HE8432	21:16	遅延
Paris	Geomore Airlines	GA9222	21:32	欠航
Dallas	Veritol Airways	VY1923	21:45	遅延
Singapore	Asientica Airways	IC4883	21:49	定刻

有料版にアップグレードしてスケジュール変更の通知を
テキストメッセージで受け取りましょう

89

語注 □ **upgrade** 動 アップグレードする　□ **paid version** 有料版

宛先：　　Ted Cooper
送信者：　Helen Lippiatt
送信日時：8月6日　午後9時09分

Ted、フライトスケジュールを確認しておいてください。今、ソウルで乗り換えを待っています。ここから Veritol Airways の便を利用しますが、乗継便が2時間遅れています。今のところ、ここを9時45分に出発予定で、明日の午前10時20分頃到着する見込みです。よろしくお願いします！

語注 □ **transfer** 名 乗り換え　□ **connecting flight** 乗り継ぎ便

宛先：　　Brad Singh <bsingh@hollandassociates.com>
送信者：Ted Cooper <tcooper@hollandassociates.com>
日付：　　8月7日
件名：　　午後の会議

こんにちは Brad、

部門会議を午後4時に変更してもらえますか。私は UK への出張から戻ってくる Lippiatt さんを迎えに空港にいます。とりあえず到着ボードを確認したところ、フライトが2時間遅れているとわかりました。彼女に会うのはおそらく10時20分頃になるようです。Lippiatt さんはオフィスに来る前にアパートに立ち寄りたいとのことでした。そのため、元々の予定では会議に間に合いません。午後4時からでは参加できない人が誰かいれば教えてください。

ここにいなければならない間、時間をできるだけ有効に使いたいと思います。新しい社員ハンドブックのコピーを送っていただけますか。待っている間、誤りがないかチェックします。終わり次第、印刷会社に直接送ります。新入社員に当社の方針を理解してもらうために、火曜日の会議でそれを見られるよう、月曜日までに準備したいです。

よろしくお願いします。

Ted

語注 □ **reschedule** 動 リスケジュールする（日や時刻を変えること）
□ **drop by** 立ち寄る　□ **stuck** 形 動きが取れない
□ **employee handbook** 社員ハンドブック　□ **straight** 副 直接
□ **familiarize** 動 慣れさせる　□ **new recruit** 新入社員

191.

What is implied about ANYFLIGHT Information?

(A) It is owned by Curtifly Airlines.
(B) It has a smartphone app.
(C) It has a subscription service.
(D) It specializes in Asian destinations.

ANYFLIGHT Information について何が示唆されていますか。

(A) Curtifly Airlines が所有している。
(B) スマートフォンアプリがある。
(C) サブスクリプションサービスがある。
(D) アジアの目的地を専門としている。

正解 (C) 　フライト情報をまとめた表のすぐ下の一文である③によると「有料版にアップグレードすればスケジュール変更の通知をテキストメッセージで受け取れる」ことがわかります。有料のサブスクリプションを提供していることが示唆されているので、(C) が正解です。

192.

What is Ms. Lippiatt's destination?

(A) Melbourne
(B) Victoria
(C) Paris
(D) Dallas

Lippiatt さんの目的地はどこですか。

(A) Melbourne
(B) Victoria
(C) Paris
(D) Dallas

正解 (D) 　テキストメッセージによると、Lippiatt さんは④で「Veritol Airways の便に乗る」と言っています。フライト情報によれば、①・②から Veritol Airways の便の目的地は Dallas であることがわかります。よって (D) が正解です。

193.

What is probably true about Mr. Cooper?

(A) He did not read Ms. Lippiatt's text message.
(B) He will accompany Ms. Lippiatt to the UK.
(C) He cannot meet Ms. Lippiatt at the airport.
(D) He works for a publishing company.

Cooper さんについておそらく正しいことは何ですか。

(A) Lippiatt さんのテキストメッセージを読んでいない。
(B) Lippiatt さんの UK 行きに同行する。

(C) 空港で Lippiatt さんに会えない。

(D) 出版社で働いている。

正解 (A) 　　Lippiatt さんはテキストメッセージ内の⑤で「明日の午前10時20分頃到着する見込み」とはっきり伝えています。しかし、Cooper さんのメールにおいて⑥から、フライトが2時間遅れであることと、10時20分頃までLippiatt さんに会えないことを、空港に着いてから知ったことがわかります。よって、彼はテキストメッセージを読んでいない可能性が高いと判断でき、(A) が正解に決まります。設問が「おそらく正しい」情報を求めることは頻繁にあり、このように確証がない内容でも正解となります。

194.

According to the e-mail, where will Mr. Cooper most likely go next?

(A) To a printing company
(B) To a private residence
(C) To a travel agency
(D) To a local restaurant

Eメールによると、Cooperさんはこの後、どこに行く可能性が最も高いですか。

(A) 印刷会社
(B) 個人の住居
(C) 旅行代理店
(D) 地元のレストラン

正解 (B) 　　E メールの⑦によると、Lippiatt さんは会社に行く前にアパートに立ち寄ることを望んでいるとわかります。よって、空港で Lippiatt さんと合流した後は、Cooper さんは彼女の家に向かうと考えられ、(B) を選びます。

195.

What will most likely take place on Tuesday?

(A) An employee banquet
(B) A sales event
(C) A product delivery
(D) An orientation session

火曜日に何が行われる可能性が最も高いですか。

(A) 社員の宴会
(B) 販売イベント
(C) 商品の配送
(D) オリエンテーションセッション

正解 (D) 　　Cooper さんは E メール内の⑧で社員ハンドブックについて「火曜日の会議で新入社員が見られるようにしたい」と述べています。よって火曜日にあるのは新入社員のための会議だとわかり、選択肢の中で可能性が最も高いのは (D) です。

第3部
模試の作り方

模試問題を作る

　私（＝ヒロ前田）は、**過去20年間**にわたり数多くの模試を作成してきました。「模試の作り方」を誰かから教わったことはありませんが、経験を積み重ねる中で独自のノウハウを培ってきました。**問題作成者の考えがわかると、正解を得やすくなる**効果もあると思いますので、この場を借りて、そのノウハウをなるべく詳しくお伝えします。

　模試の制作には、いくつかのステージがあります。

● 企画

　模試作成の最初のステージは企画です。つまり、どのような模試を作るかを考える段階です。「良い模試とは本試験に似ているものだ」と考えることもできますが、実際はそれほど単純ではありません。なぜなら、模試は「商品」だからです。商品である以上、必ず買い手が存在し、その買い手に満足してもらえるよう配慮する必要があります。

　例えば、最近の案件では、ある団体向けの模試作成において「日本語訳は不要」「解説は簡素に」「難問は少なめに」という条件が求められました。おそらく、受験者が試験内容を振り返ることを前提としない目的で使用する予定なのでしょう。

　一般書店で販売される模試も例外ではありません。自分でお金を出して模試を買う人は、受験者平均を超えるスコアを持っている可能性が高く、学習意欲も比較的高いと考えられます。そのため、模試は「**新しい何かを学べる学習素材**」として作ることが重要だと考えられます。

　このように、企画段階では、模試の目的や買い手のニーズを慎重に検討し、商品としての価値を最大化することを考えます。ちなみに本書を企画した際に重視したのは、**本試験に似た模試を提供することに加えて、「全国順位を知る」という前代未聞の体験**を提供することでした。

●設計とリサーチ

　企画内容が決まっても、すぐに英文作成を始めるとは限りません。まず、完成形をイメージするための設計図を作成し、必要に応じて公式教材を活用したリサーチを行います。設計図の作成には各種データが不可欠であり、試験を「数字」で管理することを重視しています。直感に頼らず、数値を活用することで模試の精度が向上するだけでなく、英文作成の発注にも役立ちます。

　ここでは、模試作成時の指標としている数値の一部を紹介します。これらは、TOEIC の制作機関である ETS が作成した公式問題を収録した各種問題集を基に、実態を調査して得た数字です。

リスニング

Part 1 (写真描写問題 6問)

1人の写真は何枚？	⇨ 2～3枚
2人以上の写真は何枚？	⇨ 1～2枚
風景や物だけの写真は何枚？	⇨ 1～2枚
最も長い選択肢の語数は？	⇨ 10語

Part 2 (応答問題 25問)

「WH 疑問文」の出題数は？	⇨ 10～12問
「提案」の出題数は？	⇨ 1～2問
質問と応答に使われる語数は？	⇨ 16～30語
最も長い質問の語数は？	⇨ 15語
全応答に占める文形式の比率は？	⇨ 66%

Part 3 (会話問題 39問)

3人の会話の出題数は？	⇨ 1～2題
意図問題の出題数は？	⇨ 2問
図表つき問題の出題数は	⇨ 3問
会話に含まれる単語数は？	⇨ 90～120語
選択肢が文で構成される設問数は？	⇨ 5～6問

Part 4 (説明文問題 30問)

意図問題の出題数は？	⇨ 3問
図表つき問題の出題数は	⇨ 2問
トークに含まれる単語数は？	⇨ 80〜110語
トークの音声の長さは？	⇨ 20〜33秒

リーディング

Part 5 (短文穴埋め問題 30問)

適切な品詞を選ぶ問題の出題数は？	⇨ 8〜10問
問題文に含まれる単語数は？	⇨ 10〜20語
問題文に含まれる単語数の平均は？	⇨ 13〜14語
問題文に使われる会社名と人名の合計数は？	⇨ 18〜20
全問題文に占める「重文」の比率は？	⇨ 4〜5問

Part 6 (長文穴埋め問題 16問)

文選択問題の出題数は？	⇨ 4問
1文だけ読めば解ける問題の出題数は？	⇨ 3〜5語
文書に含まれる単語数は？	⇨ 80〜120語
文選択問題の選択肢に含まれる単語数は？	⇨ 6〜11語

Part 7 (読解問題 54問)

チャット形式の文書数は？	⇨ 2
「1つの文書」の出題数	⇨ 10文書
位置選択問題の出題数は？	⇨ 2問
NOT を含む設問の出題数は？	⇨ 1〜3問
文書に含まれる単語数は？	⇨ 70〜300語

　このように試験の姿を数字で把握すれば、模試を設計しやすくなります。中でも、単語数の把握は重要度が高いと言えます。なぜなら、単語数は会話やトーク、文書の長さに直結し、難易度を左右するからです。また、リスニングセクションで単語数を大きく間違えると、試験時間の長さが非現実的なものになります。そのようなことが起きないように、会話やトークに使う単語数を適切な範囲に収めることが重要です。

例 作成する模試のトークの単語数を数字で把握

1			2			3			4			5		
Talk. Tour			Ann. furniture			Tele. IQ			Intro. radio			Mtg. IQ		
120			97			83			83			93		
Q71	Q72	Q73	Q74	Q75	Q76	Q77	Q78	Q79	Q80	Q81	Q82	Q83	Q84	Q85
C	A	C	B	A	D	C	C	B	D	C	C	B	B	A
6			7			8			9			10		
Ad. garden			Tele. land			Ad. Furn IQ			Mtg. pie			Ann. map		
73			110			105			116			109		
Q86	Q87	Q88	Q89	Q90	Q91	Q92	Q93	Q94	Q95	Q96	Q97	Q98	Q99	Q100
B	A	D	B	D	A	C	D	A	A	B	D	D	B	C
A	7		B	8		C		8		D		7		

WORD COUNT: 989 → Average 98.9

正解記号のバランスも管理

●英文作成と校正

英文作成は模試の質を左右する重要な工程です。ネイティブスピーカーが違和感なく読めることが重要であるため、通常は英語のネイティブスピーカーの協力を仰ぎます。パートによっては日本人が先に書き、後で英文校正者によるチェックを受ける場合もあります。

英文作成時に特に注意する点は3つです。

❶ トピック
❷ 難易度
❸ 表記ルール

トピック

本試験に登場する会話や文書のトピック（テーマ）は一定範囲から採用されています。「常連メンバー」をいくつか紹介します。

- **商取引**　　例 発注、納品、支払、滞納
- **顧客対応**　例 クレーム対応
- **契約**　　　例 ジム入会、レンタカー

- **店舗**　　　例 商品の割引、クーポン発行、店舗改装
- **不動産**　　例 オフィス賃貸、事務所の移転
- **広告**　　　例 販促キャンペーン、新商品の広告
- **レストラン** 例 席の予約、メニューの変更
- **社内文書**　例 イベントの告知、人事考課、業務プロセスの変更
- **式典**　　　例 従業員表彰、引退式
- **出張**　　　例 交通の手配、ホテルの予約、精算

　同じトピックを1つの模試の中で過度に繰り返すと、登場する語彙に偏りが生じてしまいます。そのため、トピックはなるべく重複しないよう配慮します。

難易度

　模試に特殊な目的がない場合、難易度が本試験の難易度に近くなるよう配慮します。ただし、本試験で役立つスキルを身につけられるよう、あえて難問比率を少し高めることがあります。例えば、本試験に出題されそうな「言い換え表現」を多めに含む設問や選択肢を作るといったことです。（これは学習効果を高めることを狙った措置なので悪いことではないと考えています）

　どれだけ英文作成者が工夫して作問をしても、意図通りの難易度になっているとは限りません。そのため、可能であれば「モニター」に受験してもらうことが重要です。

　初級から上級までの英語学習者にモニターになってもらい、いったん完成させた模試を受けてもらえば難易度を調査できます。これまでの経験から言えば、モニターから「易しすぎた」という声が聞こえてくることはありません。ほとんどの場合、「本番より難しく感じた」という感想が戻ってきます。重要なのは、具体的にどの問題が難しく感じたかを突き止めて原因を探ることです。そして、その問題を差し替えたり、変更を加えたりすることで、より適切な難易度に近づけることができます。

例　モニターの解答結果を見て難易度を調査

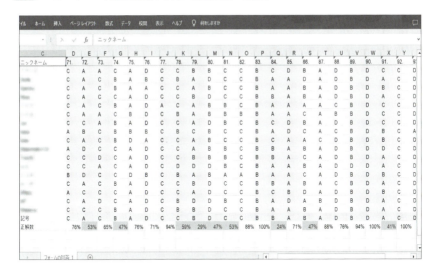

表記ルール

本試験や公式教材を大量に見ていると、それらに共通する「表記ルール」があることに気づきます。模試を作成する際にも、基本的にそのルールに合わせることで、本物らしさが向上します。例をいくつか紹介します。

- Web site　　　　　　Wを大文字にして2語で書く
- A.M. と P.M.　　　　大文字でサイズを小さめ
- Internet　　　　　　Iを大文字にする
- *Investor's Journal*　出版物などの作品名はイタリック

英文作成と校正をする際には、これらの点にも注意を払います。

校正

作成された英文は必ず校正します。単純なスペルミスや文法ミスだけでなく、これまでに紹介してきた様々な観点（単語数やトピックの重複、表記ルールなど）からチェックして、必要に応じて修正を加えます。

●録音

　英文の校正と修正が完了したら、リスニングセクションの録音を行います。本試験と同様に4種類のアクセント（アメリカ、イギリス、カナダ、オーストラリア）を含めるようにします。

　ナレーターによって話し方が違うため、本試験と同じ質の音声を作ることは簡単ではありません。しかしながら、ナレーターに公式教材を聞いてもらうなどして、発音やイントネーション、スピードが本試験に近づくように配慮します。

　本来は起きてはならないことですが、録音中に修正が必要となる問題が見つかることがあります。例えば、Part 2の選択肢に、正解となってしまう応答が2つあることに気づくような場合です。そのようなことが起きたら、その場で英文に修正を加えて再録音します。

　音声編集が終わったら、リスニングセクション全体の時間を確認します。45分から47分30秒の間であれば問題ありませんが、それより長い（短い）場合は対処します。Part 3とPart 4のセリフを少し調整したり、再録音をしたりして本試験と同じ長さになるようにします。

　近年では、リーディングセクションの音声も「特典」として読者に提供することが増えています。模試としては必要ありませんが、学習用素材として提供されている場合は、ぜひ活用してほしいものです。

コラム　妥協のないお仕事

　私の初めてのTOEIC受験は2016年のことで、結果を見て大きなショックを受けました。品詞なども真剣に考えず英語を読んでいたのですから仕方がありません。

　その後、本屋で出会った花田先生の「文法特急」に触発され、英語の基礎を学び直す決意をしました。さらに、前田先生の「至高の模試600問」にも出会い、両先生のわかりやすい解説に魅了され、次第にファンになりました。

　花田先生の講義を一度直接受講してみたいと思い、花田塾で学ぶ決意をいたしました。花田塾では、花田先生が穏やかで明快な説明をしてくださり、ジョークを交えた授業が記憶に残ります。生徒一人ひとりに教材を配り、時間をオーバーしても丁寧に解説し、質問にも真摯に応じてくれます。先生は20年以上TOEICを欠かさず受験しており、その経験をもとにオリジナル問題を作成しています。受験生が間違いやすい問題を多く取り入れている点にも驚かされます。

　ある日、花田先生と前田先生が共同でTOEIC模試を作成し、解説を行うセミナーが開催されました。私は迷わず申し込み、参加しました。模試の内容は本番の試験に近く、解答用紙にもこだわりがありました。解説は受講生の間違いを中心に行われ、TOEICの本質を捉えつつ、受験生の弱点を補う内容でした。無駄な問題、無駄な解説が一切なく、すべてが妥協なく作り上げられていたのを鮮明に覚えております。

　昨年、私はTOEIC L&Rを全18回受験しましたが、先生方の作成した問題は間違いなく、本番と同じレベル、内容で仕上がっておりました。TOEICに精通したお二人だからこそ、公開テストそっくりのクオリティの問題を作成できるのだと確信しています。また、受験生のレベルに関わらず、どなたでも手にとり学べる彼らの作成した教材は、TOEIC教材の最高峰であると確信しています。

　1人の読者として、花田先生と前田先生の久しぶりの著作に感謝しております。

Katsu

コラム　分かりやすい！　面白い！　ためになる！

　TOEIC界の最強講師コンビであるヒロ前田先生＆花田徹也先生による「模試＆セミナー」。定員オーバーで参加できなかった方が多い中、幸運にもリアル会場で受講することができました！「教える側」「教えられる側」という解説講義ではなく、まるでステージと客席が一体となったライブパフォーマンスのようで、「分かりやすい！面白い！ためになる！」セミナーでした。

　「模試＆セミナー」は、TOEICを知り尽くした講師陣が公式問題を徹底分析した上で作成したオリジナル模試を解くところから始まります。出題される問題は、どれも本番に直結するような質の高いものばかり。まさに、TOEIC受験者にとって即効性のある貴重な模試です。そして、模試の後には4時間を超える解説タイム。間違えた問題、悩んだ問題、自信のなかった問題について、論理的かつ分かりやすく説明していただき、スッと理解できる瞬間が何度もありました。さらに、巨匠2人のコミカルな掛け合いや経験談が盛り込まれ、学びながらもエンターテインメントとして楽しめる内容。気づけば時間があっという間に過ぎていました。

　私自身、TOEICスコア875で伸び悩んでいました。特定の知識が欠けているにもかかわらず、何となく分かった気になり、そのまま放置していた結果、どこに穴があるのか分からずスコアアップに苦しんでいました。しかし、この「模試＆セミナー」では、その穴を埋めるための知識と方法を具体的に示していただけました。問題作成者の意図や出題のポイントを学び、ただ答え合わせをするのではなく、一つ一つの問題にしっかり向き合い、理解を深める大切さを実感しました。

　模試2時間＋セミナー4時間超の「模試＆セミナー」を通じて、これまで抱えていたモヤモヤが一気に解消。独学ではなかなか得られない質の高い学習時間を体験できました。「あ、そうだったのか！」「分かった！」と感じる瞬間が積み重なり、「900の壁」を超えられそうな勇気と自信が生まれました。モチベーションも大きく向上し、さらなる高みを目指したいと強く思えるセミナーでした！

会社員　ユッキー

著者紹介

ヒロ前田 (ヒロ マエダ)

神戸大学経営学部卒。英語学習者向けコミュニティ「Feel English Circle」を運営している。2003年5月にTOEIC対策講師として全国の企業・大学で指導を開始。2005年にはTOEIC指導者を養成する講座 (TTT) を始め、TTT修了生による書籍は20社以上から出版されており、その数は150を超える。47都道府県でTOEIC® L&R公開テストを受験する「全国制覇」を2017年に達成。取得スコアは15点から990点まで幅広い。著書に『TOEIC® L&Rテスト 究極の模試600問+』(アルク) など多数。
Xアカウント　@hiromaeda

花田 徹也 (ハナダ テツヤ)

大学時にアメリカへ留学し、南カリフォルニア大学(USC)を卒業。帰国後、三菱商事で勤務したのち英語講師の道を選び、現在は東京・新宿でTOEIC®特化型スクール「花田塾」を運営している。企業研修や複数の大学でも教鞭を執る。20年以上にわたりTOEIC® L&R公開テストを毎回受験し続けており、現在もなお最新傾向の分析およびその対策・指導には一切手抜きをしない熱血漢。7回連続でTOEIC® L&Rテスト990点 (満点) を取得。著書に『1駅1題 TOEIC® TEST文法特急』(朝日新聞出版)、『TOEIC® テスト 超リアル模試600問』(コスモピア) 等があり、累計120万部を超えるロングセラーとなっている。
Xアカウント　@hanadajuku

abceed (エービーシード)

登録利用者数500万人を超えるAI英語学習アプリ。1,000以上の英語学習書籍と人気映画の数々が使い放題。AIによるレコメンド機能やスコア予測、日本語英語の同時字幕機能を搭載。多彩で良質な教材と最先端AIを活用した技術力で、TOEIC、英検、英会話力UPを約束します。

TOEIC® L & R TEST 全国統一模試超特急 第1回

2025 年 4 月 30 日　第 1 刷発行

著　者	ヒロ前田　花田徹也
発行者	宇都宮 健太朗
装　丁	川原田 良一
本文デザイン	コン トヨコ
似顔絵イラスト	cawa-j ☆ かわじ
印刷所	大日本印刷株式会社
発行所	朝日新聞出版

〒104-8011　東京都中央区築地 5-3-2
電話 03-5541-8814（編集）　03-5540-7793（販売）
© 2025 Hiro Maeda, Tetsuya Hanada
Published in Japan by Asahi Shimbun Publications Inc.
ISBN 978-4-02-332399-5

定価はカバーに表示してあります。
落丁・乱丁の場合は弊社業務部（電話 03-5540-7800）へご連絡ください。
送料弊社負担にてお取り替えいたします。